美国心理学会情绪管理自助读物

成长中的心灵需要关怀 · 属于孩子的心理自助读物

我能与人友好相处

学会换位思考，培养共情能力

Learning to Be Kind and Understand Differences

Empathy Skills for Kids With AD/HD

（美）朱迪·M. 格拉瑟（Judith M. Glasser）
（美）吉尔·门克斯·库什纳（Jill Menkes Kushner） 著
（美）查尔斯·贝尔（Charles Beyl）绘
李甦 译

U0359910

化学工业出版社

·北京·

Learning to Be Kind and Understand Differences: Empathy Skills for Kids With AD/HD, by Judith M. Glasser, Jill Menkes Kushner, illustrated by Charles Beyl.

ISBN 978 - 1 - 4338 - 2044 - 1

Copyright © 2016 by Magination Press, an imprint of the American Psychological Association.

This Work was originally published in English under the title of: *Learning to Be Kind and Understand Differences: Empathy Skills for Kids With AD/HD* as publication of the American Psychological Association in the United States of America. Copyright © 2016 by the American Psychological Association (APA). The Work has been translated and republished in the **Simplified Chinese** language by permission of the APA. This translation cannot be republished or reproduced by any third party in any form without express written permission of the APA. No part of this publication may be reproduced or distributed in any form or by any means, or stored in any database or retrieval system without prior permission of the APA.

本书中文简体字版由 American Psychological Association 授权化学工业出版社独家出版发行。

本书仅限在中国内地（大陆）销售，不得销往中国香港、澳门和台湾地区。未经许可，不得以任何方式复制或抄袭本书的任何部分，违者必究。

北京市版权局著作权合同登记号：01 - 2022 - 1028

图书在版编目（CIP）数据

我能与人友好相处：学会换位思考，培养共情能力 /（美）朱迪·M. 格拉瑟（Judith M. Glasser），
（美）吉尔·门克斯·库什纳（Jill Menkes Kushner）著；（美）查尔斯·贝尔（Charles Beyl）绘；
李甦译 . 一北京：化学工业出版社，2022.4（2024.6重印）

（美国心理学会情绪管理自助读物）

书名原文：Learning to Be Kind and Understand Differences: Empathy Skills for Kids With AD/HD

ISBN 978 - 7 - 122 - 40648 - 4

I.我… II.①朱… ②吉… ③查… ④李… III.①心理交往 – 少儿读物 IV.① C 912 . 11 - 49

中国版本图书馆 CIP 数据核字（2022）第 028766 号

责任编辑：郝付云 肖志明　　　　　　　装帧设计：大千妙象
责任校对：边　涛

出版发行：化学工业出版社（北京市东城区青年湖南街13号　邮政编码100011）
印　　装：大厂聚鑫印刷有限责任公司
710mm×1000 mm　1/16　印张6　字数50千字　2024 年6月北京第1版第3次印刷

购书咨询：010-64518888　　　售后服务：010-64518899
网　　址：http://www.cip.com.cn
凡购买本书，如有缺损质量问题，本社销售中心负责调换。

定　　价：29.80元　　　　　　　　　　　　　　　　版权所有　违者必究

译者序

这是我在《我能管好自己》之后，翻译的第二本改善注意缺陷 / 多动障碍（AD/HD）儿童行为的指导书。与很多改善注意缺陷 / 多动障碍儿童执行功能的书籍不同，这本书侧重的是如何帮助这些孩子学会理解他人，学会与伙伴友好相处。

有注意缺陷 / 多动障碍的孩子，由于难以集中注意力或冲动行为，会使他们的社会性和情绪情感发展受到影响。他们可能无法注意到别人在做什么，也可能会很容易被周围的事物所干扰，从而很难集中思想，特别是很难觉察他人的思想和情绪状态。他们也可能还没机会思考自己的言行对别人会产生什么影响，就开始说话和行动了。这就给他们与人交往和相处带来挑战，让他们在成长过程中面临更多的适应问题。

《我能与人友好相处》是写给注意缺陷 / 多动障碍儿童的指导书，旨在帮助他们提升理解他人想法和感受的能力，学会与人友好相处。作者从共情入手，在帮助儿童理解共情含义的基础上，让孩子认识到每个人看待事物的角度和方式以及每个人表达感受的方式都是不同的，学习识别自己和他人的情绪，并学会恰当地表达自己的情绪。内容的整体设计循序渐进，从不同的方面为儿童学会与人友好相处提供了方法与策略，操作性强，非常实用。作者的表达简洁明确，适合儿童阅读。

儿童行为的改善离不开成人的支持。所以，作者建议父母与孩子一起来阅读本书，并在阅读每一章后花些时间来和孩子讨论，完成每章的练习。作者在书的结尾部分也有专门给父母的具体建议，以及支持儿童改善行为的主要原则和方法。所以，希望改善注意缺陷/多动障碍儿童社会行为的家长可以仔细阅读，并主动参与到支持和帮助孩子的过程之中。我相信，家长朋友们在读完这本书之后，也会从中获得启示，并重新审视自己的人际交往经历。

注意缺陷/多动障碍是一种常见的慢性童年期神经发育疾病。除了药物治疗之外，教育和行为治疗综合干预的模式是改善这些儿童行为的重要途径。在我国，教育和行为干预模式还处于不断探索和研究的过程中，《我能与人友好相处》一书为我们提供了很好的思路和解决方案。在聚焦执行功能训练的同时，帮助注意缺陷/多动障碍儿童理解人与人之间的差异，提升共情能力也应该成为注意缺陷/多动障碍儿童行为干预方案中的重要组成部分，从而保证他们顺利地适应学校生活。

虽然本书是写给注意缺陷/多动障碍儿童的，但书中的内容对于发展正常儿童的社会-情感学习也是非常有帮助的。书中提到的很多方法和策略都可以成为幼儿园及小学的相关课程资源。

希望遇到本书的读者，不论是成人还是儿童，都能够学习并实践提升共情能力的方法和策略。这也是我翻译此书的初衷。

李　甦

致父母

　　每个孩子都是独立的个体。孩子们生来就具有不同的个性、能力和表达自我的方式。如果你有多个孩子，你可能已经注意到——甚至在怀孕期间——一个孩子与另外一个孩子的表现是不同的。一个孩子可能非常活泼，在妈妈肚子里踢得很频繁，而另一个孩子非常安静，你几乎感受不到他的存在。

　　随着孩子的成长，他们可能会表现出更多的不同。一个孩子可能很早就能睡整夜觉了，而另外一个孩子可能快会走路了还要半夜醒来加餐。随着孩子年龄的增长，你可能会发现他们更多的不同之处。一个孩子可能很擅长数学、音乐或者艺术，而另外一个孩子在这些领域并不擅长，但却擅长阅读、写作或科学。

　　随着时间的流逝，孩子的行为方式也会发生变化，会体现出他们的个性。同时，他们理解他人想法和感受的能力也可能会表现出不同。有些孩子明白，他人看待事物的方式与自己是不同的，他人的感受也与自己是不同的。

在不被别人告知的情况下，理解别人想法和感受的能力叫作共情。我们所说的共情其实包括以下不同的方面：

- 从别人角度看问题的能力。

- 感知别人情绪的能力。

- 站在别人的立场上，设身处地为别人着想的能力。

共情的发展需要时间。共情始于婴儿第一次明白他们是独立的，与父母不一样的时候。如果你有机会，可以看看一个婴儿在被他的妈妈或爸爸抱着照镜子的样子。当他在镜子和自己或父母之间来回看的时候，他可能会表现出一些困惑。这是孩子了解自己和他人不同的开始。

当孩子蹒跚学步时，他就会开始理解别人的感受。在幼儿园，他可能会试图安慰哭泣的小朋友。到五六岁的时候，许多孩子已经学会通过去"解读"他人的非言语线索，了解别人的感受。然而，与其他的发展里程碑，比如学习走路和学习说话不同，共情在不同孩子之间的发展是不同的。共情的发展需要时间、培养和支持。对有些孩子来说，共情的技能可以很容易地、自然而然地发展。有些孩子则需要帮助。这本书就是为这些需要帮助的孩子写的。

有些孩子发现自己很难共情。例如，你的女儿可能认为别人的想法和感觉与自己是一样的，她不太明白人和人是不一样的。她可能从来没有谈论过自己的感觉，所以你可能并没有意识到，她并不知道这些！

有些孩子对别人的想法或感觉表现得好像没有什么兴趣，他们可能会说他们不在乎这些。对于有注意缺陷/多动障碍的孩子来说，学习以共情和善意的态度对待他人是非常有必要的，也是最难掌握的技能。以共情和善意的态度对待他人要求有能力停下来思考，先关注自己的感受，然后再将注意力转移到他人对事物的看法和感受上，然后还要同时记住这些来自不同角度的想法和感受！在所有这些之后，你需要整理思绪，并想好如何回应。这对于有注意缺陷/多动障碍的孩子来说是一个艰巨的任务。因此，作为成年人，我们有责任和孩子一起聊聊这个话题。我们需要为孩子树立榜样，并教给他们基本的共情技能。

理解他人的想法和感受是所有孩子要学习的关键技能，也是他们一生都需要使用的技能。能够理解他人想法和感受的人更容易控制自己的情绪，也更容易善待他人。毕竟，如果你的孩子能理解朋友的想法和感受，他就能设身处地为朋友着想，并理解朋友为什么会那样做。如果朋友的行为伤害了他，他的共情技能会帮助他选择原谅，减轻朋友对他的伤害。

我们与别人的关系就像一个不断交换思想和感情的循环。我们对事物的看法会影响我们对事物的感受以及我们对别人的行为。之后，我们如何对待别人会影响别人对我们的想法和感受，从而影响别人对我们的行为，而这又会影响我们的感受。

所以，理解人和人的差异和善待别人，也有助于别人善待我们。

人们常常会混淆共情和同情，但实际上两者是完全不一样的概念。同情更多是想要帮助别人，不一定要理解别人的想法和感受。比如，你捐赠食物给别人，是因为你了解别人正在挨饿，缺乏食物，这就是出于同情心。你不用真正去了解那些饥饿的人内心的想法和感受。

有共情能力的人往往更容易处理好人际关系。在学校，他们往往与同学和老师相处得很好，适应学校环境几乎没有问题。作为成年人，他们与同事也相处得很好，在工作上也更成功。

有些有注意缺陷/多动障碍的孩子是可以像别的孩子那样具有共情能力，他们可以与同学或者其他人友好相处。

他们能够读懂肢体语言，也能够谈论他们的感受。但是，有些有注意缺陷/多动障碍的孩子，难以与人友好相处，在人际交往上会面临着很大挑战。比如，有的孩子可能无法注意到别人在做什么，因为他沉浸在自己的内心世界里；有的孩子可能很容易被周围发生的事情和声音分散注意力，难以集中精力关注自己和别人的想法和感觉。

一些有注意缺陷/多动障碍的孩子不会用语言来表达他们的感受，他们可能不会使用像"不高兴"或"困惑"这样的词。有些孩子没有意识到——或者只是不知道——他们的感受是什么，所以对他们来说就很难知道别人的感受是什么。

此外，有些有注意缺陷/多动障碍的孩子还难以理解人的非言语行为。非言语行为包括面部表情、身体姿势、手势以及人们说话时使用的语气。换句话说，非言语行为包括与人们大声说出来的每一句话相伴随的所有信息。在帮助孩子理解别人表达的真正意图时，它们和语言一样重要。

有注意缺陷/多动障碍的孩子通常比较冲动。他们"先行而后思"。换句话说，在他们有机会思考他们所说的和所做的会如何影响他人之前，他们就已经开始说话和行动了。

你可以想象，如果一个孩子很难关注别人，很容易分心，缺乏词语来表达感情，不了解自己的感受，无法解读非言语行为，而且很冲动，那么他理解别人的感受时就会有困难，在与他人相处时也可能会有问题。

这本书的目的是希望父母和孩子一起阅读。咨询师或其他专业人员也可以使用这本书。最好是按顺序阅读每个章节，因为前后章节之间是相互联系的。你可以在每一章之后暂停一下，谈谈你和你的孩子学到了什么，以及如何把书上的内容应用到孩子的日常生活之中。此外，有注意缺陷/多动障碍的孩子有时很难长时间集中注意力，他们需要让"大脑休息"。

请你抽出时间，和孩子一起仔细认真地完成每一章的阅读和练习，然后再进入到下一章。比如，可以先阅读一个章节，隔几天后再阅读下一个章节，在这期间进行练习。你的孩子可能会想在书上画画或写点东西，或者有一个单独的日记本，他可能会请你或者咨询师来给他写。孩子无论用哪种方式，对他来说都是非常好的练习。

我们在书中会教给孩子一些方法，帮助他认识和谈论他的情绪，以及他人的情绪。我们也会给家长一些指导方法，帮助家长和孩子一起练习书中的内容。经过这些练习，家长可能会有自己的想法和方式，帮助孩子掌握共情的技巧。

你可能之前听过有人提到的"黄金规则"，那就是"己所不欲，勿施于人"。"黄金规则"是适用面很广的法则，事实上，几个世纪以来，世界上几乎所有主要的伦理方法都以各种不同的形式表达了"黄金规则"的含义，这条规则就是要将共情付诸行动。

在培养和实践共情的旅程中，你和你的孩子都不需要从属于某个特定的文化或遵循某个特定的传统。共情是一种非常重要的技能，孩子需要这项技能才能在学校、游戏和生活中取得更好的成就。孩子最终会成长为成年人，他需要这项技能才能与人友好相处，建立和谐和持久的人际关系，并在这个世界上获得成功。

致 孩 子

　　想一想，你跟朋友或者家人什么时候相处得很好，也许是你们在一起玩游戏，骑自行车，或者一起吃饭，吃零食。我敢保证，那时候的感觉真的很好。

　　再想一想，你跟他们什么时候相处得不好。很多孩子在与人相处方面都有烦恼，尤其是有注意缺陷/多动障碍的孩子。你知道为什么会这样吗？有时，出现这样的问题是因为说话和做事没有经过思考，不经意说了一些不符合内心真实想法的话，或者做了不是你真心想做的事。在这种情况下，要是能把它们收回去就太好了，不是吗？

　　几乎所有孩子都会有与人难以相处的时刻，因为他们不理解别人的想法和感受。你认为每个人看到的东西都和你一样吗？当你知道别人和你看到完全相同的情况，但可能会有不同的想法时，你会感到惊讶吗？

有时，你虽然明白人们看待事物的方式不同，但是很难知道别人在想什么以及有什么样的感受。当对方不说话时，情况就更糟了，你必须弄清楚他的感受到底是什么样的。

有很多方法可以了解人们的感受。人们的表情往往可以表明他们的感受。有时，人们讲话的方式——不仅仅是他们说了什么——可以让你了解到他们的感受。

想想你在学校认识的人。你能看出他在什么时候很高兴吗？你能看出他在什么时候悲伤或生气吗？他有时候说话声音比平时大还是小？他的声音有时听起来很难过吗？像这样的一些线索会给你提供有用的信息。

我们只有了解了自己的感受，才能理解别人的感受。你知道如何谈论你内心的感受以及把这些感受告诉别人吗？当你有比较强烈的感受，比如生气、伤心或者高兴时，你知道用哪些词语来描述你的感受吗？

我们之所以写这本书是因为真的想帮助你学习一些了解他人感受的方法。这本书可以帮助你与他人更好地相处，包括你的家人、朋友、同学以及你认识的每一个人！

首先，我们将分享一些关于如何理解别人"观点"的方法。换句话说，别人是怎么思考和感受的，以及别人对事情的看法是怎样与你不同的。

其次，我们会教给你一些讨论感受的词语。你也可以用这些词语来表达你自己的想法和感受。

我们还将讨论如何通过仔细观察一个人的面部表情或听他的声音来了解他的感受。我们会给你很多练习的方法，这样你就能真正了解自己和别人的感受。我们还会向你展示怎样去理解"站在别人角度看问题"的意思，如何理解别人的观点以及可能的想法和感受。

再次，我们将会进行"头脑风暴"，讨论某人有了某些特定感受后会有什么样的行为。"头脑风暴"的意思是充分发挥你的想象，想出你所能想到的所有想法。关键是要把你大脑中的想法写下来！你可以请大人来帮你完成这项任务。

每个人，甚至是成年人，都可以更好地与他人相处。我们相信你能学会这些技能。请把它作为你正在学习做的一件

事，就像骑自行车或拼拼图一样。在这个过程中，你也能更多地了解自己是如何思考和对待他人的。你也可以学着去理解别人的想法和感受，以及他们为什么会这样做。

有了这些新想法，你将学会如何善待别人，而别人也会善待你。这会让你感觉非常棒！

目　录

第1章

共情是什么？

共情是一种理解他人想法和感受的能力。这是一种可以学习的技能。这本书将会帮助你学习它。我们将会帮助你了解你自己和他人之间的差异，以及你的行为是如何影响他人的想法和感受的。

共情包括哪些内容呢？

共情包括：

- **角度**：每个人看待事物的角度不同。

- **情绪**：我能认识和表达自己的情绪。

- **看法**：我对事物的看法会影响我的情绪，别人也一样。

- **问问自己**：我看到或听到的哪些线索能告诉我别人的情绪？

- **对待别人**：我希望别人怎样对待我，我就怎样对待别人。

- **行为**：我的行为会影响别人对我的态度，进而影响我的情绪。

- **换位思考**：我可以站在别人的角度想问题，了解他们的想法和感受。

这就是共情！

如果你考虑到别人的想法和感受，它可能会改变你的行为方式。反过来，你的行为也会影响别人的想法和感受，以及别人如何对待你。当你表现出共情时，你会和别人相处得更好。

让我们看看这一章开头的那幅漫画。请你想一想，这幅漫画里发生了什么事情，然后再跟爸爸妈妈谈谈。

你觉得大姐姐在想什么，她有什么感受？

_____

_____

_____

你觉得小妹妹在想什么，她有什么感受？

_____

_____

_____

以下是我们想到的一些想法：

想一想两个女孩是如何看待这种情况的。大姐姐可能想要保护她的私人空间。小妹妹也许想和她的大姐姐待在一起。

你觉得两个女孩的感觉如何？从她们的表情来看，似乎大姐姐生气了，小妹妹很伤心。你同意吗？

你认为如果漫画就此打住会发生什么？你觉得她们今天剩下的时间会过得怎么样？小妹妹会怎么想大姐姐的想法和感受？她会怎么对待大姐姐？

可是，大姐姐看着小妹妹的脸，看到她很伤心。

接下来，大姐姐看待事情的方式就不一样了。她想，也许小妹妹只是想找她一起玩，并不是想进她的房间。这些想法改变了她的感受。她不再生气了，还邀请小妹妹来她的房间里玩。两个女孩终于都露出了笑容。

现在，你觉得在今天剩下的时间里，漫画里的女孩子们会过得怎么样？你觉得小妹妹对大姐姐会有什么样的想法？她会有什么样的感受，会怎么对待大姐姐呢？

为什么共情很重要?

让我们想想这幅漫画和共情。在这幅漫画中隐藏了共情的哪些步骤?

- **角度：每个人看待事物的角度不同。**

  大姐姐明白，小妹妹可能看待这件事情的角度跟她不一样。

- **情绪：我能认识和表达自己的情绪。**

  大姐姐能认识自己的情绪，并能用词语表达这些情绪。

- **看法：我对事物的看法会影响我的情绪，别人也一样。**

  大姐姐站在小妹妹的角度思考问题，想一想小妹妹会如何看待这件事情。

- **问问自己：我看到或听到的哪些线索能告诉我别人的情绪?**

  大姐姐需要问问自己，有哪些线索可以帮助她了解小妹妹的情绪。大姐姐可能发现，从小妹妹的面部表情可以看出小妹妹很难过。

- **对待别人：我希望别人怎样对待我，我就怎样对待别人。**

  大姐姐可能意识到，如果有人用她和小妹妹说话的方式和她说话，她可能会不高兴。

- **行为：我的行为会影响别人对我的态度，进而影响我的情绪。**

  大姐姐邀请小妹妹来房间里玩，小妹妹的感觉好多了。她们一起玩得很开心。两个人都不再生气难过了。

- **换位思考：我可以站在别人的角度想问题，了解他们的想法和感受。**

  这个大姐姐很好地理解了小妹妹对事情的不同看法。姐姐因而改变了自己对这件事的认识，她的感受和行为都充满了善意。我敢打赌，她们这一天会相处得更好！

在这幅漫画中，大姐姐一开始对小妹妹进入房间有自己的想法。之后，她能够明白，小妹妹对此可能会有不同的想法。了解了妹妹的想法和感受后，大姐姐不再生气了。共情让姐姐冷静下来，找到了一个对双方都很好的解决方案。

可是，并不是每个人都能如此容易地理解他人的感受。

我能与人友好相处：学会换位思考，培养共情能力

有些人似乎天生就有能力成为出色的运动员或音乐家，同理，有些人天生就更能理解别人的想法和感受。然而，有些人需要努力才能学会如何共情。在接下来的章节中，我们将帮助你更多地了解共情。

共情能够帮助你，它可以：

- 让你感觉更好。

- 在你难过的时候，帮助你管理自己的情绪。

- 让你与朋友和家人相处得更好。

- 让你与你认识的每个人更好地相处。

如果你练习了书中的方法，我们相信，你能够更好地理解人与人之间的差异。我们希望你能善待别人，别人也会善待你。

休息一下！

你能在下面的字母中找到这些单词吗？

```
F C L U E S M S G T
R M W R V I U R I E
X A C T I O N S T M
T H U O Y T D O G P
D I F F E R E N T A
B W E N D J R E Q T
E T C L U S E L H
E H L G N P T O K Y
L I E P K A B T Z
T N D W L I N F R X
S K G B C F D T X R
```

ACTIONS 行为   **FEEL** 情绪
DIFFERENT 差异   **THINK** 想法
EMPATHY 共情   **CLUES** 线索
UNDERSTAND 理解

我能与人友好相处：学会换位思考，培养共情能力

第 2 章

每个人看待事物的角度不同

把这张图片倒过来看，你会有不一样的发现！

无论是与孩子相处，还是与大人相处，你都需要了解许多重要的事情。我们接下来要了解的第一件事，就是不同的人看同一件事物的角度是不一样的，换句话说，每个人都有自己的看法。

角度不同，看法不同

你是否听过这样的说法，"事物都有两面性"？拿出一枚一元的硬币，你会看到硬币两面的内容完全不一样。一面是数字，一面是一朵菊花。如果你和我看着同一枚硬币，可是我们分别看的是硬币的两面，但我们彼此并没有意识到这个问题呢？如果我们其中一个人看的是数字，一个人看到的是菊花，我们描述的内容可能完全不一样。

不同的人对同一件事物会有不同的看法，但我们却很难意识到这一点。

我们再看下面的例子。

请看这块美味的蛋糕。

想象一下，你现在正从上面往下看这块蛋糕，你能看到什么形状的蛋糕呢？请描述一下吧。

_____

_____

_____

想象你的朋友正从带有圆圈的侧面看这块蛋糕。他能看到什么形状的蛋糕呢？请描述一下吧。

_____

_____

_____

接下来，想象另一个朋友看到的是颜色最深的、有巧克力屑的那一面，他会看到什么形状的蛋糕呢？

_____

_____

_____

从你的视角来看，你和你的朋友可能分别会看到一个三角形，一个长的矩形，一个高的矩形。

事实上，你们看到的都是正确的！如果你只是从自己的角度看事物，就肯定会对别人的看法感到困惑。如果你能告诉对方你自己看事物的角度和观点，困惑可能就会少一点——与人相处将会是"小菜一碟"！

角度不同，感受不同

我们再来举一个例子。你看过足球比赛吗？假设有一个足球比赛场地，两端都有球门区。现在，想想有一个体育场，场地中间就是足球比赛场地，四周坐满了球迷。

根据你所坐的位置，想象一下你看到的球场是什么样子的？如果你坐在场地的中间，你会看到什么？如果你坐在场地的一端呢？球场的样子，甚至球员看起来也会完全不同，这取决于你坐在哪里，不是吗？

现在，假设一个队进球了。这个队的球迷和队员会很高兴并大声欢呼。另一队的球迷和队员则会感到伤心或难过。

这还是一场同样的比赛，不是吗？但是不同的人对比赛中发生的事情有着不同的想法和感受。

想想你和朋友一起比赛的经历吧。你是否以前和朋友一起比赛过？当你赢了的时候你真的很高兴，而他却很伤心？试着回忆一下你和谁在一起，进行了什么比赛。

先在下面的第一个方框里画一张你赢了后的情形，画一下你和朋友的照片。要画出你获胜时的面部表情和肢体动作，以及朋友输了比赛后的样子。在第二个方框里画一画朋友赢了时的表情和动作，以及你输了比赛的表情和动作。

我赢了

我的朋友赢了

请认真看看这两幅图片。它们有什么不同？

请看下面的图片。你觉得女孩和大人在想什么？把你的想法写在框里。

恭喜你！你已经迈出了与他人友好相处的第一步，因为你正在学习别人是如何看事物的。你开始明白别人可能和你有不同的观点，对看到的事物有不同的感受。

第3章

每个人
表达情绪的
方式不同

你有没有发现，你通常可以知道动物的情绪？如果你养了一只狗，它会在你放学回家时向你打招呼吗？许多狗都会跑向家人，摇着尾巴，跳来跳去。它们清楚地表明它们很高兴见到你。收到这样亲切的问候，你是不是感觉很好？

要想知道猫的情绪可能会比较困难。如果你养了一只猫，当你回家的时候，你可能会注意到你的猫在你的腿上蹭来蹭去。这意味着猫很高兴看到你！许多猫会喵喵叫，还会在主人的腿上蹭来蹭去，这表示它们想要你给它们喂食。你听过猫的呼噜声吗？当猫发出呼噜声时，意味着它们很满足，很快乐。

有些雄性动物求偶时会炫耀自己。例如，雄性孔雀有大尾巴和漂亮的羽毛，它们可以把尾巴展开成一把彩色的大扇子，横跨整个身体。这是给雌性孔雀留下深刻印象的好办法。

鸟类使用不同的声音来相互交谈，告诉对方哪里有食物，警告对方哪里有危险。我们很难分辨出不同的鸟叫声代表的意思。而对于其他动物，如鱼、沙鼠和仓鼠，就更难判断出它们的情绪了。

不同的人表达情绪的方式也是不一样的。我们只有先了解了自己的情绪，才能更好地了解别人的情绪。

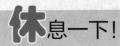

你有宠物或者喜欢的动物吗？

在下面的方框中把它画下来吧。

第 4 章

认识自己的情绪

在了解别人的情绪之前，你需要知道更多有关情绪的基本知识。让我们从你自己开始，毕竟你比任何人都更了解自己。我们先谈谈每个人都会有的普遍情绪。

现在你正在读这本书，你有什么情绪呢？把你的情绪列出来，或者给自己画一张画。

有些人认为不同的情绪就像不同的颜色一样。当人们感到难过的时候，他们会说自己的感觉像"蓝色"一样。当人们感到生气的时候，他们会说"脸都红了"。你有没有把你的情绪和颜色联系起来？人们通常是有多种情绪的。

了解他人情绪的第一步是认识自己的情绪和想法。有时候，我们很难区分想法和情绪。让我们从情绪开始，然后，我们会找出这些情绪可能会产生的想法。

我们会和你来谈谈这些情绪：

● 高兴。

● 惊讶。

● 害怕。

● 生气。

● 难过。

当然，人还有更多的情绪。但现在，我们将集中讨论这几种情绪。

你的行为方式会给你认识自己的情绪提供线索。

让我们来想想，当你高兴、惊讶、害怕、生气或者难过时，你的身体会有哪些变化。刚才我们提到，有些人认为，不同的情绪就像不同的颜色。如果你把自己的情绪也当成颜色来看待，你就可以用颜色来描绘你的情绪。

 ## 高兴

有时，人们在高兴的时候会觉得自己"容光焕发"。他们可能会说，感觉自己"走路很轻快，像飘在空中一样"。

你高兴时，有一种温暖的感觉，占据了你的整个身体。

你经常会微笑，是那种发自内心的笑。

你还记得你真正感到高兴的时候吗？把你那天的样子和那天发生的事情画一幅画吧！

当你真正感到高兴的时候，你还记得你在想什么吗？把你的一些想法写下来，或者请大人帮你写下来。

_____

_____

_____

你注意到你身体的一些变化了吗？这些变化都是什么？你觉得你的表情看起来怎么样？

_____

_____

_____

如果让你用一种颜色来表达你高兴的情绪，你会选择什么颜色呢？

_____

_____

_____

 惊讶

想象一下，今天是你的生日。你的朋友过来找你一起出去玩。然后，当你回到家，走进家门，看到一大群家人和朋友都在家里，他们冲着你大叫："给你一个惊喜！"你会有什么感觉？你觉得你的表情会是什么样子的？

这就是惊讶的情绪。事实上，像这样的聚会被称为"惊喜聚会"，因为它总是做你意想不到的事情！

我能与人友好相处：学会换位思考，培养共情能力

　　而其他类型的惊讶就没有这么快乐了。例如，如果你被冰块滑倒了，你可能会感到害怕，也会感到惊讶——因为你没有看到那块冰，所以你不会想到自己会摔倒。有些惊讶会让你感到一种温暖友好的感觉，有些惊讶可能会让你感到害怕。

不同的人对惊讶的反应也会有所不同。有些人根本不喜欢惊喜聚会，当所有人都喊"惊喜"的时候，他们会感到害怕。那么，你惊讶时会有什么感觉？你觉得你的身体会发生怎样的变化？也许你会睁大眼睛，张大嘴巴，心脏也会跳得很快。

你曾经感到过惊讶吗？你还记得让你感到惊讶的事情吗？

_____

_____

_____

你还记得当你感到惊讶时你在想什么吗？

_____

_____

_____

你注意到你身体的变化了吗？你是否觉得全身发热、冒汗？你能想象你脸上的表情是什么样子的吗？

_____

_____

_____

写一写或者画一画，你感到惊讶的那一刻是什么样子的。

🕐 害怕

　　想象一下，你生活在很久很久以前，那时人们住在山洞里。如果你是一个穴居人，在森林里散步时，碰到了一头熊。这时，你的大脑会向你身体的其他部位发射信号，这个信号会告诉你的身体做两件事中的一件——要么逃跑，要么为你的生命而战斗。这时，你的心跳开始加速，你的呼吸会变得非常快，你的血液会流向你的肌肉，你会准备好逃跑还是战斗。

　　你可能有时也会有这种感觉。也许你的心脏在狂跳，心里紧张不安，七上八下；也许你感觉身体冒汗，声音也在颤抖。这种感觉就是我们所说的害怕。然而，有时候，大脑会向你的身体发送一个信号，让你原地不动——也许这样熊就不会注意到你了。你见过当汽车开近松鼠时，它会待在路上不动吗？松鼠其实很害怕，可它没有逃跑，而是待在原地。

现在这个时代，很少有人会面临遇到熊的情况。但是我们仍然有害怕的时候——我们所有的人都一样，不管是大人还是孩子。

想一想你害怕的时候，你还记得是什么事情让你害怕吗？

_____

_____

想一想你害怕的时候，你还记得你在想什么吗？

_____

_____

你注意到自己身体的一些变化了吗？是什么样的变化？想想你的心脏是如何跳动的，或者你是怎样呼吸的。

_____

_____

_____

生气

　　让我们再想想那个穴居人在森林里遇到熊的情景。还记得我们说过为了活命准备逃跑，战斗或者待在原地不动吗？如果你的大脑发送给身体其他部位的信号是为了活命而跟熊搏斗，那么你可能已经真的、真的发怒了。你的怒气甚至能够打败那头熊。（尽管我们知道这在现实生活中是不会发生的！）

　　跟我们害怕时一样，我们生气的时候，心跳也会加速，血液会迅速流向我们的肌肉和大脑。有时候，当我们非常生气的时候，我们会满脸通红，还可能会觉得浑身发热。生气时，你有时候还会觉得自己颤抖，你可能会感觉说话都开始颤抖，声音也越来越大。你甚至会握紧你的拳头，就像你准备战斗一样。

想一想当你非常生气的时候，你还记得你为什么生气吗？

_____

_____

_____

_____

你还记得当你生气时你在想什么吗？

_____

_____

_____

_____

你注意到自己身体的一些变化了吗？你觉得热吗？你能想象自己的脸是什么样子吗？

_____

_____

_____

_____

难过

　　每个人都有难过的时候。如果你的朋友搬走了，或者你的宠物死了，你可能会感到非常难过。人们通常会把难过描述为"情绪低落"或"垂头丧气"。你有过真正感到难过的时候吗？

　　有些人难过的时候，他们觉得自己什么都不想做。他们没有精力，认为自己再也不会变得快乐了；有些人难过的时候很容易生气。人们经常用身体动作和面部表情来表达他们的感受。他们可能会皱眉头，或者瘫坐在椅子上；他们可能连走路都很慢，或者想一个人静一静。

　　如果你经常感到难过，一定要把这种感受告诉大人。

你有过像这样难过的时候吗？你还记得是什么事情让你感到难过吗？

_____

_____

_____

_____

你还记得当你难过的时候，你在想什么吗？

_____

_____

_____

_____

你注意到你身体的变化了吗？有哪些变化？

_____

_____

_____

_____

请把左边的情绪词语和右边对应的描述连起来。

惊讶   走路很轻快，像飘在空中一样

难过   眼睛睁大，嘴巴张开

高兴   声音在颤抖

生气   脸涨得通红

害怕   垂头丧气

第 5 章

学习识别
他人的情绪

自信 　 害怕

生气 　 难过

尴尬 　 高兴

现在请你想一想，当你有某种情绪时，你的身体会有什么感觉？你的面部表情会是什么样子？这么做能够帮助你更容易识别他人是否有同样的情绪。

如果知道了别人的想法和感受，你也可以去确认一下。你可以先找家人试试，问问他们的感受，看你是否弄清楚了他们的情绪。这里有一些建议可以帮助你。

我们如何知道别人的情绪？

我们怎样才能知道别人什么时候会感到高兴、惊讶、害怕、生气或难过呢？

 ## 高兴

当人们感到高兴的时候，他们的脸上通常会有开心的笑容。他们的眼睛明亮，闪烁着光芒。走路的时候，他们的步伐看起来会很轻快。在上一章中，我们请你想一想让自己真正感到高兴的事情。现在再去想想那件高兴的事情，然后去照照镜子。你注意到你的脸上有什么变化吗？

你见过你认识的人看起来很高兴的样子吗？是什么事情让他们那么高兴的？你是怎么知道他们很高兴呢？

惊讶

还记得我们说过的惊讶吗？

惊讶的时候，很多人会睁大眼睛，张大嘴巴。他们也可能把手放到脸上大喊大叫。

如果是惊喜，比如得到一直想要的礼物，他们的脸上还会有大大的笑容。

如果是不好的惊讶，比如不小心洒了一杯果汁——他们在惊讶的同时，也可能看上去会难过或者生气。

害怕

你怎么知道别人感到害怕呢？我们之前谈到害怕的时候，我们说过大部分身体上的变化都是发生在体内的。

这就需要发挥你的视觉和听觉感官了！试着回忆一个你认识的人感到害怕的样子。他的脸看起来怎么样？他的眼睛看起来怎么样？一个人的眼睛通常能告诉你他的很多感受。他的眼睛可能睁得很大。他的嘴巴是什么样的？他的嘴巴也可能是张开的！他看起来像是准备好要逃跑或战斗了吗？他的拳头握得很紧吗？你的耳朵有没有告诉你他的声音在颤抖？

我能与人友好相处：学会换位思考，培养共情能力

为了理解别人的想法和感受，你可以回想一个让你真正感到害怕的时候。让你的脸看起来你真的很害怕。现在，照照镜子，你就清楚别人害怕的时候会是什么样子了。

 ## 生气

回想一个你认识的人真的很生气的时候。你是怎么知道他很生气的？你注意到他的声音和面部表情是什么样子的吗？你注意到他站的姿势或握着的手有什么变化吗？他的声音可能越来越大，甚至到了大喊大叫的地步。

画一幅画来表现一个人生气的情景。

难过

你是怎么知道一个人在难过的？你见过有人难过时的样子吗？当人们感到难过时，他们往往行动缓慢，眼神暗淡无光，经常皱眉头。有时，当人们难过的时候，他们甚至看起来很生气。他们可能会选择独自待在一边，即使身边还有其他人。其实，我们每个人都有难过的时候。

人的情绪很复杂

人们可以同时有多种情绪，这点也非常重要。这可能会让你很难理解自己的复杂情绪。比如，娜塔莎非常爱她的好朋友，但有时她的好朋友会说一些伤害她感情的话。每次发生这种事情后，娜塔莎都感到很困惑，很难过，也很生气。

这也会让你对别人的复杂情绪感到困惑。卡洛斯的哥哥哈维尔要去上大学了。哈维尔有时高兴得大叫，有时又放声大哭。当他收拾行李时，他似乎很兴奋。哥哥的这些情绪表现，让卡洛斯感到非常困惑。

娜塔莎和卡洛斯的哥哥哈维尔都有复杂的感受——在某一个时刻会有不止一种情绪。也许你也有过不止一种情绪的经历。复杂情绪会让人很困惑。

想一想，你曾经能识别他人情绪的三件事，然后把它们写下来。你可能需要大人帮助你来完成这个清单。

1. _____

_____

2. _____

_____

3. _____

_____

你能识别下图中这些孩子的情绪是什么吗？把描述情绪的词语和它对应的表情连上线吧！

尴尬　尴尬
害怕　害怕
惊讶　惊讶
生气　生气
难过　难过
高兴　高兴
困惑　困惑
兴奋

第 6 章

什么是想法？
什么是情绪？

通常，我们的想法会影响我们的情绪。我们的想法和情绪又会影响我们对待他人的行为。

我们举个例子：乔伊和他的家人一起看舞台剧。坐在他们后排的观众一直在小声说话。乔伊心想："这些人太烦了，我都听不清楚演员在说些什么了。"他很想转过身对他们说几句难听的话。

之后，在中场休息的时候，乔伊听到后排的一个人说："我真为我儿子萨姆感到骄傲，我从来不知道他能成为这么棒的演员。"乔伊这时突然意识到，这些人是舞台上一位演员的家人。于是，他想："这就是他们一直在小声说话的原因吧！"他很庆幸自己没有对他们说出那些难听的话。否则，他会感觉很糟糕，也会感到尴尬。

你注意到乔伊的情绪变化了吗？当他认为后排的观众很不文明没礼貌时，他很生气。

但当他明白他们是为家人感到骄傲才会小声说话——而不是故意表现不文明——他不再感到生气了。他理解了他们的想法和情绪。

你遇到过这样的事情吗？你有没有因为了解了一个人而改变了你对他的看法？这有没有改变你对那个人的情绪？如

果你也遇到过类似的事情，你可以把它写或者画在下面的方框里。

　　有时候我们不明白为什么别人会这么做。重要的是，我们要试着去思考别人的想法和情绪，这些想法和情绪让他们有这样的行为。当你这么思考的时候，你正是"站在别人的角度思考问题"。

什么是想法？什么是情绪？

理解想法和情绪之间的关系是很重要的。如果我们能改变自己的想法，我们就能改变自己的情绪。这是另一种让我们站在别人角度思考问题的方式。如果我们理解别人对事情的想法和我们不一样，我们就会理解他们的情绪也可能跟我们不一样。

让我们回想一下有关想法的词语以及有关情绪的词语。

现在我们翻到第一章，看一看开头那对姐妹的漫画。

还记得你在第3页写的关于姐妹俩的想法和感受吗？你认为哪些词是有关想法的，哪些词是有关情绪的？

想法：

_____

_____

情绪：

_____

_____

如果你半夜醒来，听到有东西发出的声音，你可能会感到害怕。

你可能会认为这是房间或床下的东西发出来的声音。

但是，如果你认为这只是风吹树叶的声音，或者是房子外面的松鼠发出来的声音，你又会有什么情绪？

你有没有发现，不同的想法会带给你不同的情绪？接下来，我们继续探讨这个问题。请在下一页的空白横线上，填上你的想法和情绪。我们先来示范一个例子。

发生了什么事情：

我妈妈给弟弟买了一双新鞋。

这让我想到：

她更喜欢弟弟。

然后我感到：

我感到很难过。

但后来我改变了我的想法：

我知道当我的鞋子小了的时候，妈妈也会给我买双新鞋子。

然后我觉得：

我感觉好多了。

现在你来试一下。想一想有哪些事情让你难过、生气或害怕的。

发生了什么事情：

这让我想到：

然后我感到：

但后来我改变了我的想法：

然后我觉得：

下图中，情绪词语和想法词语混在一起了。请你圈出有关情绪的词语。这可能会有点难。如果你觉得有难度，可以看看最下面的答案。

玩得开心！

生气
焦虑
不会
失望
失败
不
讨厌
恼怒
喜欢
必须
完美
应该
想要
担心

答案：生气，焦虑，失望，讨厌，恼怒，喜欢，担心。

第 7 章

为什么有人会有
这种情绪？

想想我们已经谈论过的一些情绪——高兴、惊讶、害怕、生气和难过。想想你什么时候有过这些情绪，是什么事情让你有这种情绪的。

别人也一样会有这些情绪！你曾经是否遇到过这样的人，当他真的很害怕或者很生气的时候，他会把自己的感觉告诉你？把你的经历写在下面的横线上。

事情是这样的：

_____

_____

别人是这么做的：

_____

_____

我认为别人会这么想：

_____

_____

我认为别人会有这些情绪：

_____

_____

我能与人友好相处：学会换位思考，培养共情能力

头脑风暴一下：为什么别人会有这种情绪

你还记得在本书开头提到过的"头脑风暴"吗？"头脑风暴"的意思是尽可能想出你能想到的所有想法，先不去确定它们是对还是错！如果需要，你可以寻求大人的帮助。

让我们头脑风暴，想出尽可能多的想法。下面有一些不同情景的案例。你要在每个案例中，思考一下：

想法　　　　　　　**情绪**　　　　　　　**行为**

- 每个人在想什么？

- 每个人会有什么样的情绪？

- 每个人可能会有哪些不同的行为？

- 不同的行为将如何改变事情的结果？

同学们都在排队领午餐，只剩下一个巧克力味的冰激凌了，排在最前面的乔安娜把它拿走了。马克斯非常想吃巧克力味的冰激凌，他很想自己能够拿到这个冰激凌。你觉得他们两个人会怎么想？他俩会有什么样的情绪？

在自主阅读课上，同学们会在教室里围坐一圈。莱拉有一个经常坐的椅子，那把椅子就摆放在老师的前面，她喜欢坐在那个位置。有一天，自主阅读课上，她发现萨曼莎已经坐在了这把椅子上。此时，莱拉会怎么想？她有什么样的情绪？她可能会怎么做？

_____

_____

在课间休息时间，男孩子们都在操场上踢足球。比安卡也很想加入他们一起玩，但他们不想带她玩。你觉得男孩子们会怎么想？他们会有什么样的情绪？比安卡呢？

_____

_____

学校要上演一个话剧。只有一个男生和一个女生可以当主角。所有的学生都想试试，结果只有弗兰克和玛丽成了主角。其他学生会怎么想？他们会有什么样的情绪呢？

_____

_____

你可以跟大人一起进行类似这样的练习，多角度思考不同的想法，并和你信任的人尝试这些想法。你练习得越多，就越容易了解别人的情绪。要知道，任何方法在使用前都需要经过大量的练习，我们才能学会用这些方法去解决问题。一次一小步是个很好的方法，尤其是当你学着站在别人角度看问题的时候。

表达共情不容易！

共情对每个人来说都不容易。通常，我们在最难过的时候最需要共情。可是，当我们难过时，我们的大脑很难清楚地思考问题。

所以，当我们难过时，我们需要做的第一件事就是让自己冷静下来。

下面是一些能够帮助你冷静下来的方法：

- 出去走走。

- 做几次深呼吸。

- 和大人聊天。

- 和朋友聊天。

- 听音乐。

- 把你的感受写下来或者画下来。

- 玩游戏。

- 洗个热水澡。（如果有大人在家的话。）

你觉得还有哪些方法能让自己冷静下来？

我能冷静下·来的方法

只有你冷静下来，你才能更好地思考问题。

为什么有些孩子很难共情

　　共情对每个人来说都不容易，对于有注意缺陷/多动障碍的孩子来说尤其困难。不过，每个孩子都有他擅长的技能，共情也是我们可以通过学习而掌握的社交技能之一。想一想你喜欢做的事情，或者你擅长做的事情。把它们写下来或者画下来。

许多有注意缺陷/多动障碍的孩子做事情很难集中注意力。有时，他们很难意识到自己内心情绪的变化，也不留意周围发生的事情。有时，他们甚至都没有留意自己的感受。当然，并不是有注意缺陷/多动障碍的孩子都会有这个问题，但是有些孩子是有这些问题的。

此外，有些孩子发现自己真的很难改变大脑的行为——停止思考某一件事，转而思考另外一件事。有时候，你的大脑会卡在一个想法上，很难跳出来。如果你的思维方式和感受都是固定不变的，那么你就很难去思考别人的观点。

有注意缺陷/多动障碍的孩子很难记住一些事情，也很难同时考虑许多事情。这听起来是不是很熟悉？没错！管理好自己的想法和情绪，并决定如何行动，这对任何人来说都不容易。

就像解答一些数学题目有很多步骤一样，与他人相处也有很多步骤。当你做一道复杂的数学题时，你必须记住你在做什么，你已经做了什么，你还需要做什么。这跟你想要有共情能力所必须采取的步骤一样。

这里有一个简短的清单来帮助你记住这些步骤。

- 停下来，让自己冷静下来。

- 记住，每个人看待事物的方式都不一样。

- 问：我的情绪是什么？

- 问：我对发生的事情有什么看法？

- 问：我有什么线索能知道对方的情绪？

- 与一个大人或一个朋友进行头脑风暴，看看其他人会如何看待这种情况。

如果你按照上述清单，做了清单里的这些事情，说明你正在逐步对别人的想法和情绪产生共情。

哇！要记住的东西太多了！毫无疑问这对你是一个很大的挑战。我们想让你知道，大多数人在与人交往方面都是有困难的。要记住，随着你的成长，你的大脑也在成长，你的共情能力也会更强。

一步步走出迷宫，达到共情吧！

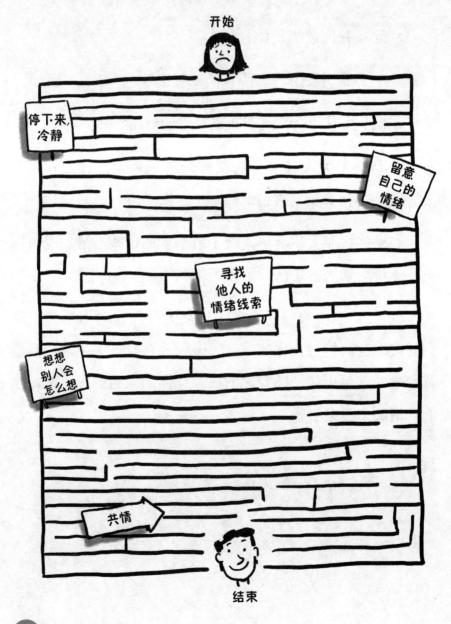

第 8 章

解决社交问题

在上一章中，我们提到培养共情能力的6个步骤：

- 停下来，让自己冷静下来。

- 记住，每个人看待事物的方式都不一样。

- 问：我的情绪是什么？

- 问：我对发生的事情有什么看法？

- 问：我有什么线索能知道对方的情绪？

- 与一个大人或一个朋友进行头脑风暴，看看其他人会如何看待这种情况。

现在你要准备好去解决一些问题了。先想一想，你和别人之间曾经有过哪些问题，你可以跟大人一起讨论一下。

- 你能否换个角度来思考问题？

- 这会改变你的情绪吗？

- 你会选择怎么做？

- 你认为上述每个步骤之后会发生什么？

- 最好的选择是什么？

记住，你的行为方式会影响到别人的想法和情绪，也会影响到别人对你的态度，反过来，也会影响到你的情绪。

　　想象一下，如果路易斯不是生气，而是想："嘿，这看起来很酷！"那么接下来可能会发生什么？

_____

_____

_____

　　你希望别人怎样对待你，你就应该怎样对待别人。我们把这句话称为人际关系中的"黄金规则"。如果你能站在别人的角度看问题，理解别人的想法和情绪，也许你就能更好地对待别人，就像你希望别人如何对待你一样。你会发现你会和其他人相处得更好，他们也会对你更好。

下面是一些别人的例子，这些孩子在与人相处时就用到了上面说到的方法。

与家人相处

凯伊莎是萨金娜的姐姐。她比萨金娜大两岁。她们的卧室挨在一起。她俩都喜欢互相借对方的衣服穿，因为她们穿衣服的尺码差不多，而且喜欢的衣服也一样。不过，有时候萨金娜会忘记还给姐姐衣服，有时候还会把穿脏了的衣服还给姐姐。这让姐姐非常生气，然后就跟萨金娜吵架。萨金娜就哭着去找妈妈，爸爸妈妈就会过来帮她俩解决问题。最终两个人都受到了惩罚。但凯伊莎认为这是不公平的。

你认为她们还能有别的做法吗？

_____

_____

_____

下面是爸爸妈妈的做法。他们决定坐下来和女儿一起谈谈借衣服这件事情。他们告诉女儿互相借衣服是一个非常不错的主意。虽然她们每个人只花了一套衣服的钱，但是她们却可以穿两套衣服。

在得到了凯伊莎的允许后，爸爸妈妈请萨金娜进入凯伊莎的房间。然后让萨金娜去检查姐姐的衣服，看看她穿脏还回去的衣服到底是哪件。之后他们请她说说凯伊莎在这种情况下会怎么想。如果凯伊莎明天早上想穿这件衣服，但却被她穿脏了，凯伊莎该怎么办？凯伊莎会怎么想？她会产生什么样的情绪？

萨金娜想了想后认为，凯伊莎可能会很失望，她可能认为萨金娜很自私。萨金娜开始明白凯伊莎之前为什么会这么难过。她把穿脏了的衣服拿起来，放到了

洗衣房。她向凯伊莎道歉，保证以后会做得更好。

接着，妈妈让凯伊莎想想为什么萨金娜会出现这种问题。她请凯伊莎到萨金娜的房间里去找找答案，想想萨金娜

为什么要借她的衣服，为什么在归还衣服之前会忘记把衣服洗干净。凯伊莎看到萨金娜的房间很乱，也没有脏衣篮。

妈妈给凯伊莎提出了建议，与其对萨金娜发脾气，不如帮助她整理房间，还可以从凯伊莎的房间里拿出一个脏衣篮给萨金娜。大家都认为这是一个比发脾气和打架更好的解决办法。萨金娜道了歉，答应使用脏衣篮，凯伊莎也接受了她的道歉。

值得注意的是，随便进入别人的房间，未经他人允许就拿走别人的东西，这会让别人对你有不好的想法和情绪。如果有人没经过你的同意，就拿走了你的东西，你会有什么情绪呢？把你的情绪写在下面吧。

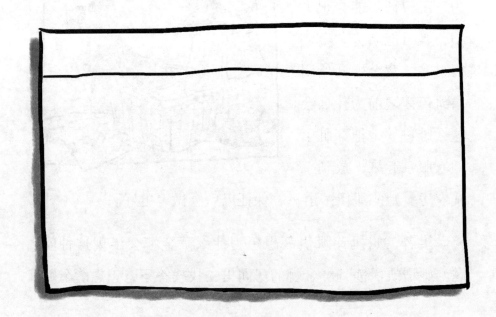

我能与人友好相处：学会换位思考，培养共情能力

梅根一家在海滩上玩，她和妹妹莉娅一起玩沙子。梅根说："我们用沙子建一个水池吧，这样我们随时能凉快一下！"莉娅认为这是个好主意，于是她们开始建水池了。她们在沙滩上找到了一个适合建水池的潮汐池。她们在旁边建了一座水坝，这样水就不会流回大海了，然后她们开始挖水池。与此同时，两个男孩也在沙滩上挖沙子。其中一个男孩走过来说："把你们的水坝移一下！因为我们没地方了！"原来，他们也在建水池！

梅根听了很生气，她想："他们太霸道了，就因为他们需要地方，就让我们移动水坝，他们以为自己是谁呢？"梅根生气地走向海边，脚踩着海水，让自己冷静下来，开始思考这个问题。

冷静下来后，她先考虑了自己的情绪，她想："那些男孩想做的事情跟我们想做的事情一样，只是他说话的语气和态度不好。不过，他们建造的水池很不错。如果我们能一起合作，说不定可以建造一个更大更好的水池呢！"

她走回去跟两个男孩谈了谈，把自己的想法说了出来，男孩们认为她的想法真棒。于是，他们四个人一起分工合作，计划建一个特别棒的大水池，再建一个更大的大坝来挡住海水。男孩们挖沙子很快，梅根和莉娅负责设计和建造。他们很快就建成了一个特别棒的水池。

他们太高兴了，一起跳进水池里玩水，玩得很开心。后来，梅根想起爸爸经常跟她说的一句话："当生活给了你酸溜溜的柠檬时，就把它做成酸甜的柠檬汁吧！"这句话的意思是你可以把不愉快的事情变成让你高兴的事情。她为自己解决问题的做法感到自豪。

在梅根遇到的这件事情中，"柠檬"指的是什么？梅根是如何练习共情的？她先是让自己冷静下来，这样她就不再被自己的情绪左右，能够多想想别人的想法和感受。她这么做了以后，就发动大家一起做事，从而解决了问题。梅根能这么做，真的很棒！

大卫有阅读困难。当老师让他大声朗读时，他感到很尴尬。他读得结结巴巴的，有的字念错了，有的字不认识。他觉得自己很笨。同学还给他起绰号，这让他觉得自己太差劲了。他感到很难过。

大卫有点不想去上学了。他的爸爸妈妈问他怎么了，他把情况告诉了父母。当老师让他在全班同学面前读书时，他觉得自己很笨。他觉得书上的字都很模糊，看不太清楚。爸爸妈妈带大卫去看眼科医生，医生发现大卫有视力障碍，所以看书时会觉得字都很模糊。难怪大卫读书的时候不通顺，他是看不清书上的字！于是医生给大卫配了一副眼镜。

大卫的老师为了让班里同学理解大卫的阅读感受和想法，她想到了一个办法。她找了一些字体模糊不清的阅读材料，并发给全班同学，要求他们大声朗读。她在教室里看看大家的表现。她发现同学们虽然努力尝试去阅读这些材料，但是读不通顺。老师问同学们阅读这些模糊材料是什么感觉。

接着，老师告诉同学们，这就是当人们看不清楚书上的字时会发生的情况，对待同学要友善，不要随便给人起绰号，也不能嘲笑他人，通常人们做事遇到困难总是有原因的，比如大卫阅读这件事。

你有没有被人嘲笑过？别人是因为什么事情嘲笑你的？你当时的感受是什么？你是怎么想的？把这些写下来或者画下来。

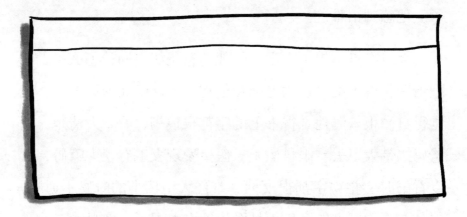

你有没有嘲笑过别人？你觉得那个人有什么感受？你觉得他对你有什么看法？他对你会产生什么样的情绪？把这些写下来或者画下来。

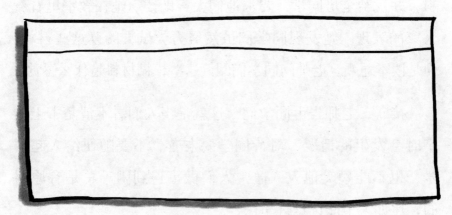

我能做到

读到这里，你已经非常棒了！你现在已经了解了每个人看问题的角度是不一样的，即使是同一件事，人们的想法和感受也会不同。你学习了如何帮助自己更好地认识想法和情绪，也学习了理解他人想法和情绪的技巧和方法。

一旦你理解了这些差异，你就会知道该如何对待别人。你要考虑自己的行为是如何影响别人的，而别人的行为又会如何影响你。通过了解这些差异，你就会明白，友善待人，别人也会友善待你。

你学习了站在别人的角度看问题，换位思考，考虑别人的想法和感受。这些都会帮助你和家人、同学、邻居等友好相处。

你要记住下面这些重点内容：

● **角度**：每个人看待事物的角度不同。

● **情绪**：我能认识和表达自己的情绪。

- **看法**：我对事物的看法会影响我的情绪，别人也一样。

- **问问自己**：我看到或听到的哪些线索能告诉我别人的情绪？

- **对待别人**：我希望别人怎样对待我，我就怎样对待别人。

- **行为**：我的行为会影响别人对我的态度，进而影响我的情绪。

- **换位思考**：我可以站在别人的角度想问题，了解他们的想法和感受。

祝贺你！你已经学会了培养共情能力的重要步骤，这会帮助你建立自信，并能更好地与人相处。这些步骤也会帮助你和你的朋友，家人，所有你认识的人在今天、明天以及你以后的生活中和睦相处。

父母可以这样帮助孩子

和孩子一起努力，做出改变

正如你所了解到的，我们所说的共情包括以下不同的方面：

- 从别人角度看问题的能力。

- 感知别人情绪的能力。

- 站在别人的立场上，设身处地为别人着想的能力。

让我们思考一些你和孩子可以一起做的事情，可以用的方法，去帮助他们。这样可以在已经知道的方法中再添加更多的方法。

 从别人角度看问题的能力

- 观察视觉错觉图片是理解人们用不同角度看问题的好方法。你可以在互联网上搜索"视觉错觉，图片"，可以找到很多这种图片。找一张图片，问你的孩子看到了什么，并和他分享你看到的形象。问你的孩子哪一张图片他最喜欢，然后把你最喜欢的图片分享给孩子。

- 和孩子一起谈谈你们正在观看的体育赛事或其他活动。讨论这些活动中的某个人可能会有什么样的情绪。

 ## 感知别人情绪的能力

- 想象你正在经历一种强烈的情绪，比如生气、沮丧或悲伤。你可以将一种情绪表现在脸上，然后请你的孩子看着你，猜猜你的情绪是什么。然后，问问孩子，如果你有这种情绪时，他会做些什么来帮助你。

- 你也可以和你的孩子玩游戏。一个人可以提出要求，比如"做一个表情，就像你刚跌倒在泥里一样"，然后其他人都要表现出这种面部表情。

- 和你的孩子一起照镜子。想想让你们感到难过、高兴、生气、厌恶或惊讶的不同事情，尝试做出不同的表情。当你跟孩子在经历这些情绪时，一起观察你们的面部表情是什么样子的。看看你和你的孩子在特定场景下引起某种情绪时，是否能够识别面部表情的变化。

 ## 站在别人的立场上，设身处地为别人着想的能力

- 当你出门在外的时候，和你的孩子想象一下别人的
  生活故事。别人的故事是什么样子的？你可以和孩
  子一起编些故事。他们会有什么感受？他们在想什
  么？他们的生活和你的生活有哪些不同？

- 如果你的孩子们之间打架，或者是他和朋友吵架，
  你都可以和他们一起坐下来，谈谈正在发生的事情。
  让孩子们知道，你想要听到他们每个人的想法和感
  受。告诉他们，每个人有两分钟的时间说出他们自
  己的想法和感受，而你和另一个孩子在听的时候不
  要打断对方说话，然后让另一个孩子做同样的事情。
  接下来，让他们换个角度说说对方的想法和感受，
  看看他们能否说出对方要说的话。试着让每个孩子
  说出他自己的想法和感受。（对于有注意缺陷/多动
  障碍的孩子来说，静坐两分钟是很困难的，你可以
  先让他们安静一分钟，听对方说话。）

- 当家庭成员之间出现问题时，让每个人都去一个安
  静的地方冷静下来。然后，找个时间开个家庭会议。
  给每个家庭成员五分钟时间谈谈他们是如何看待这

种情况的，以及有什么样的感受。每个人都有说话的机会，别人不能打断他。家庭成员必须达成共识，成员之间要互相尊重，认真倾听对方的话。如果需要的话，可以再来一遍，这样每个人都可以给出自己的观点。可以试着让家庭会议的气氛更加轻松愉快一些，你可以准备一些零食。

- 米歇尔·加西亚·温纳（言语治疗师，社交思维创始人）建议，家长在和孩子一起看电视节目或电影时可以停下来，和孩子一起谈谈不同人物角色的想法和情绪。还可以和孩子一起讨论书中的人物以及这些人物的观点。

- 和孩子一起去做志愿者，比如可以去养老机构。可以请那里的人给你们讲讲他们自己的事情，听听他们的故事，感受一下他们的生活。如果你觉得问他们问题不太合适，那就等到离开后，你再和孩子一起聊聊这些老人之前的生活会是什么样子的。有些养老机构会展示一些老人在不同年龄阶段的照片以及他们的家庭照片，你可以跟孩子从这些照片开始讨论。

- 让你的孩子采访家庭成员的生活故事。有一点我们可能没有注意到，那就是孩子不知道爷爷奶奶是如何长大以及如何认识的。让孩子采访爷爷奶奶可以让孩子了解到他们过去拥有过的快乐时光和遇到的各种挑战，以及这些年来他们的想法和感受是如何改变和成熟的。

上面的方法都是一个引子，你还可以想出其他方法来帮助你和你的孩子理解别人的想法和情绪。你的方法可能比我们的方法更好，因为这些方法来自你的实际生活，对于你和孩子更有意义。

有时，家庭成员需要互相帮助来讨论不同的感受和不同的观点，特别是当家庭气氛比较紧张的时候。家庭治疗是解决这些问题非常有用的方法。

制订行动计划

你和孩子愿意提高理解他人想法和情绪的能力吗？你们有什么方法可以改善家庭成员之间的关系吗？你可以组织全家人都参与到有关共情的有趣活动中。和你的孩子谈谈，看看他对活动有哪些好的想法。请把你们的想法写在这里。

_____

_____

_____

接下来，你希望看到你自己和你的孩子在什么情况下能提高从别人角度看问题的能力，以及理解别人想法和感受的能力。把这些情况写下来。

_____

_____

_____

_____

然后，想想你的孩子可以在哪些地方做出改变，从而变得与过去有所不同。

记住并告诉你的孩子，他不能改变别人的行为。这一点是非常重要的。他唯一能改变的人就是他自己。

专门为这些活动合理安排时间。一次只选择一项活动——一次专注于改变一种以上的行为是很困难的。你可以把它们记在日历上。

几周后，回顾你跟孩子在上一页记录下来的想法——你们想要改进的地方。你注意到你们有什么变化吗？一定要奖励你的孩子和你自己！因为你们已经做了积极的改变。